7-Minuten-Geschichten zum Lesenlernen
Vorsicht, Abenteuer!

# 7 Minuten-Geschichten zum Lesenlernen

## Vorsicht, Abenteuer!

Loewe

www.leseloewen.de

FSC
www.fsc.org
MIX
Papier aus verantwortungsvollen Quellen
FSC® C105485

ISBN 978-3-7855-7304-4
2. Auflage 2012

Umschlagillustration: Ines Rarisch
Printed in Spain

www.loewe-verlag.de

# Inhalt

# Ein Fall für zwei!

„Da bist du ja endlich!“,
ruft Arne seinem Freund Chris zu.

„Wir müssen etwas unternehmen!
Da drüben angelt einer und
steckt die Fische in einen Eimer.
Angeln ist hier doch verboten!“

„So eine Sauerei!“, meint Chris.
„Was können wir nur tun?“
Die beiden grübeln vor sich hin.

Dann fällt Chris etwas ein.
Arne grinst seinen Freund an:
„Super, das klappt bestimmt!“

Arne schwimmt los.
In der Nähe des Anglers
fängt er an zu planschen.

„Schwimm da weg“, ruft der Angler.
„Du vertreibst mir die Fische!“

Aber Arne hört nicht auf ihn.
Er fuchtelt wild mit den Armen
und paddelt mit den Beinen.

„Hör sofort damit auf und verschwinde“,
flucht der Angler und watet ins Wasser.

Darauf hat Chris nur gewartet.
Leise schleicht er sich
hinter einem Gebüsch hervor.

Arne zappelt immer mehr.
Der Angler kommt drohend näher.
„Hau ab, du Bengel!“, brüllt er.

Chris schnappt sich den Eimer
und schüttet die Fische heimlich
in den See zurück.

Dann stellt er den Eimer
schnell wieder hin
und versteckt sich im Gebüsch.

Bevor der Angler Arne erreicht,
taucht der ab und schwimmt davon.

Wütend dreht sich der Angler um
und watet wieder ans Ufer.

Da entdeckt er den leeren Eimer.
„Wer war das?“, brüllt der Angler.
Aber er kann niemanden sehen.

„Heute ist einfach nicht mein Tag“,
brummt der Angler,
packt seine Sachen und geht.

Arne und Chris liegen
längst wieder in der Sonne
und schauen ihm grinsend nach.

„Wir beide sind einfach
die besten Tierretter der Stadt!“,
sagt Chris glücklich.

# Das Versteck

Jan und Jonas
spielen Verstecken im Wald.

Jan muss suchen.
Er zählt bis fünfzig,
dann macht er die Augen auf.

Der Wald ist sehr groß.
Erst schaut Jan
hinter jeden einzelnen Baum.

Dann geht er ein ganzes Stück
den Bach entlang.

Eine Ewigkeit lang
streift Jan durch den Wald.

Schließlich klettert er
sogar auf den Hochsitz.
Aber von Jonas ist weit und breit
keine Spur zu sehen.

Jan hat keine Lust mehr.
Er ruft, so laut er kann:
„Jonas! Zeig dich!“
Keine Antwort.

Jan ist auf einmal ganz allein.
Und der Wald ist so unheimlich.

Jan kommen gruselige Gedanken.
Vielleicht lebt im Wald ein Räuber?
Oder Wölfe, Bären und Drachen?

Jan rennt los.
Er muss sofort Hilfe holen
und Jonas retten!

Da hört Jan plötzlich ein Geräusch.
Er bleibt stehen.
Jetzt hört er es genau:
Da schmatzt doch jemand!

Jan kann es kaum glauben:
Mitten im Blaubeerstrauch sitzt –
Jonas!

„Im Versteck war es so langweilig.
Da hab ich lieber
ein paar Blaubeeren gepflückt“,
erklärt Jonas.

Jan erzählt
von seinen schrecklichen Gedanken.

Das tut Jonas leid.
Und er schenkt Jan
den ganzen riesigen Blaubeerhaufen,
den er in der Zwischenzeit
gepflückt hat.

# Nächtlicher Besuch

„Wir haben keinen Bären gesehen“,
sagt Peter enttäuscht zu Onkel Fred.

„Na, vielleicht morgen“, tröstet der.
Fred ist Wildhüter im Nationalpark.
Peter und Robin sind für zwei Wochen
bei ihm zu Besuch.

Als sie ihre Schlafhütte erreichen,
verstauen sie ihr Essen
in Metallbehältern im Boden.

„Damit die Bären es nicht riechen“,
erklärt Onkel Fred.
„Die sind nämlich ziemlich verfressen.“

Sie machen ein Lagerfeuer und
Onkel Fred erzählt Tiergeschichten.
Dann kriechen sie in ihre Schlafsäcke.

Aufregend ist es schon,
in so einer Hütte zu übernachten.
Überall knackt und knarzt es.

Robin und Peter lauschen.
Da schleicht jemand zur Hütte!
Wer mag das sein? Ein Wilderer?

Onkel Fred späht vorsichtig
durch ein Fenster in der Hütte.
Er winkt Robin und Peter zu sich.

Die beiden schauen hinaus.
Erst sehen sie nur einen Schatten.

Dann scheint der Mond
zwischen den Wolken hervor
und sie erkennen den Besucher:
Es ist ein Bär!

Der Bär schnuppert am Feuerplatz.
Robin und Peter staunen:
Sie hätten nie gedacht,
dass Bären so groß sind!

Der Bär guckt zur Hütte herüber.
Die Kinder halten den Atem an.

Doch der Bär dreht sich wieder um.
„Habt ihr draußen etwas vergessen?“,
fragt Onkel Fred leise.

Da fällt es Robin siedend heiß ein:
Sein Rucksack liegt noch dort –
und es sind zwei Äpfel drin!

Der Bär hat den Rucksack
auch schon entdeckt.
Als er mit seiner Tatze daran stupst,
kullern die beiden Äpfel heraus.

Der Bär macht sich sofort darüber her.
Dann verschwindet er im Wald.

Robin und Peter atmen erleichtert auf.
„Jetzt wisst ihr, warum das Essen in die Behälter muss“, sagt Onkel Fred.

Robin und Peter nicken aufgeregt:
„Aber spannend war es trotzdem!“

# Nur geträumt

„Gute Nacht, Pitt“, sagt Ben
und drückt seinen Plüsch-Eisbären
an sich.

Langsam fallen Ben die Augen zu
und er fängt an zu träumen …

Ben und Pitt stehen im Schnee.
Vor ihnen liegt das Eismeer.

„Nanu!“, ruft Ben. „Wo sind wir?“
„In meiner Heimat, der Arktis“,
sagt Pitt.

Ben staunt. Hier ist alles weiß.
Auf dem Wasser treiben Eisschollen.

„Fang mich!“, ruft Pitt und hüpft
von einer Eisscholle zur nächsten.
Ben springt hinterher.

Doch dann geht es nicht mehr weiter.
Die nächste Eisscholle ist zu weit weg.
„Hilfe!“, ruft Pitt. „Wir sitzen fest!“

Die Eisscholle treibt aufs Meer hinaus.
„Schnell!“, sagt Ben.
„Wir müssen zurückpaddeln.“

Aber das Wasser ist viel zu kalt.
Im Nu hat Ben richtige Eisfinger.

„Mist“, schimpft er. „Es klappt nicht.
Wie kommen wir denn jetzt zurück?“

Da taucht ein Kopf aus dem Wasser auf.
Es ist eine kleine Robbe.

„Bitte hilf uns!“,
ruft Pitt.
„Kein Problem“, sagt die Robbe.
„Ich hol nur schnell meine Freunde.“

Die Robben schieben die Eisscholle mit vereinten Kräften zum Ufer zurück.

„Vielen Dank!“, ruft Ben und springt an Land.

Da hört er plötzlich eine Stimme:
„Aufstehen, Ben!“
Ben schlägt die Augen auf.
Mama steht neben seinem Bett.
„Heute Nacht hat es geschneit“,
sagt sie.

Ben schaut aus dem Fenster.
Tatsächlich!
Draußen ist alles weiß.

„Super!“, ruft Ben
und zwinkert Pitt zu.
„Jetzt sieht es hier aus
wie in der Arktis!“

# In Bergnot

Dieses Jahr ist Tim
mit Mama und Papa
ins Gebirge gefahren.

Alles sieht genauso aus
wie im Prospekt:
sanfte Hügel, grüne Wiesen und
darüber ein strahlend blauer Himmel.

Überall hört man
das lustige Gebimmel von Kuhglocken.

Und wie hoch die Berge sind!

Auf einigen Gipfeln
liegt sogar Schnee.
Einfach toll!

Heute wandert Tim
mit Mama und Papa
zu einer Almhütte.

Alle drei haben Rucksäcke dabei,
mit Trinkflaschen und Broten.
Der Weg ist weit.

Tim tun die Füße weh.
Kein Wunder – jetzt sind sie schon
über drei Stunden unterwegs!

Die Sonne brennt vom Himmel.
Der Pfad wird immer steiler.

Papa bleibt stehen
und schaut auf die Karte.
„Wir müssten doch längst
bei der Hütte sein ...!“

„Haben wir uns etwa verlaufen?“,
fragt Tim erschrocken.

Papa sieht besorgt aus.
„Ehrlich gesagt: Ich weiß es nicht."
„Dann lass uns lieber zurückgehen!",
sagt Mama.

Aber Papa schüttelt den Kopf.
„Sicher wird der Weg gleich besser."

„Also gut“, seufzt Mama.
„Tim, geh bitte dicht an der
Felswand und schau nicht hinunter!“

Leicht gesagt!
Direkt neben dem Weg
fällt der Berg steil ab.

Ist das hoch!
Aber Tim beißt die Zähne zusammen
und läuft weiter.

Da! Tim stolpert!
Er schreit auf.

Schon hat Mama Tim gepackt.
Sie hält ihn einen Moment ganz fest.

„Wollen wir beide lieber
hier warten?“, fragt Mama.
„Und Papa schaut,
wie es weitergeht?“

Stumm schüttelt Tim den Kopf.
Bloß nicht stehen bleiben
und runtergucken ...

Plötzlich ruft Papa:
„Da ist ein richtiger Feldweg.
Und die Almhütte sehe ich auch!“

Was für ein Glück!
Tim atmet auf.

„Komm, du tapferer Bergsteiger“,
sagt Mama zu Tim.
„Jetzt haben wir uns aber
ein Rieseneis verdient!“

# Das krachende Baumhaus

Mika und seine Freunde hocken in ihrer Geheimzentrale, dem Baumhaus am Waldrand.

„Mann, ist das vielleicht eng hier“, mault Johannes.

Plötzlich knirscht und knackt es.
„Das Baumhaus stürzt ein!“,
brüllt Clemens.
„Los, raus hier!“

Schnell flüchten alle zur Leiter.
„Beeilt euch, Jungs!“

Als alle heil auf dem Boden
angekommen sind,
sehen sie die Bescherung:
Das Baumhaus hängt total schief.

„Acht Mann sind einfach zu viel
für unser Baumhaus“,
stellt Mika besorgt fest.

„Unsere Zentrale muss dringend vergrößert werden!“, überlegt Paule.

„Aber dazu brauchen wir mehr Holz. Ob wir mal den Förster fragen?“

Der Förster zupft sich
nachdenklich den Bart,
als die Jungen ihn um Hilfe bitten.

„Na gut“, sagt er schließlich.
„Ihr sammelt für mich Kastanien,
als Winterfutter für die Rehe.
Und ich gebe euch Holz.“

Mit einem Haufen Plastiktüten
sausen die Jungen zur
Kastanienallee
am alten Gutshaus.

Fünf lange Nachmittage
sammeln sie eifrig Kastanien.

Als der Förster schließlich
mit seinem Jeep vorbeikommt,
staunt er nicht schlecht:

Ein Riesenberg Kastanien türmt sich
zwischen den stattlichen Bäumen.

Und weil die Jungs so emsig waren,
bringt er gleich am nächsten Tag
das versprochene Holz vorbei.

An Kettensäge und Werkzeug
hat er auch gedacht.

Gemeinsam bauen sie nun
eine größere Geheimzentrale.
Die allerschönste weit und breit.

# Die Schule brennt

„Du, Jonas, wir können am Sonntag doch nicht zum Fußball“, sagt Feuerwehrmann Max. „Ich habe Dienst.“

Jonas schmollt: „Andere Papas haben sonntags frei. Nur du nicht!“ Jonas springt auf und rennt wütend raus.

Traurig radelt Max zur Feuerwache.
Er streitet nicht gern mit Jonas.

In der Wache ist alles ruhig.
„Wie ist es mit einer Runde Skat?“,
fragt Kollege Stefan.

In diesem Moment schrillt die Alarmglocke: „Achtung! Einsatz für den Löschzug."

Alle springen auf. Das Kartenspiel fällt zu Boden. Jetzt geht es um Sekunden!

An Stangen sausen die Männer
hinunter in die Fahrzeughalle.

Kaum sitzen sie in den Wagen, fliegen
schon die Tore auf. – Los geht's!

Tatütata – mit Blaulicht und
Martinshorn rast der Löschzug
durch die Straßen.

Alle Autos fahren zur Seite.
Die Feuerwehr hat Vorfahrt.

„Achtung! Genauer Einsatzort: Brahmsweg 8. Anfahrt über die Sengelstraße“, gibt die Zentrale durch.

Max stutzt: „Brahmsweg 8? Das ist doch Jonas’ Schule!“

Schon fährt der Löschzug auf den Schulhof.

Die Schulkinder stehen hinter einer Absperrung. Ein Junge winkt.
„Papa! Hier bin ich!“
Max atmet auf: Jonas ist in Sicherheit!

Aus der Turnhalle quillt dichter Rauch.

Eine Frau ruft: „Da ist der Hausmeister noch drin!“

Mit Atemschutzmasken stürmen Max
und Stefan in das Gebäude.

„Vermisste Person gefunden“, meldet
Max. Stefan bringt den Hausmeister
in Sicherheit.

Max und die anderen löschen das Feuer. Endlich ist es geschafft!

Puh! Max nimmt die Schutzmaske ab und holt tief Luft.

„Ist doch gut, dass du Feuerwehrmann geworden bist“, sagt plötzlich jemand hinter ihm.

Max dreht sich um und gibt Jonas einen dicken Kuss.

# Wenn's bei Oma spukt

Bei Pauls Oma
passieren merkwürdige Dinge.
Nachts hört man
schaurige Geräusche.

Manchmal schweben auch
Gegenstände durch die Luft.

Morgens läuft der Fernseher
und der Kühlschrank ist leer.

Und auf Omas Sessel
entdeckt Paul
schwarze Flecken!
Was kann das nur sein?

„Heute Nacht legen wir uns auf die Lauer!“, beschließt Oma.

Paul und Oma verstecken sich hinterm Sofa.

Um Mitternacht sehen sie
ein kleines Gespenst
aus dem Kamin schweben.

Es ist nicht weiß und gruselig,
sondern verstaubt und schmutzig.

Das Gespenst holt sich
Milch und Käse
aus dem Kühlschrank.

Dann lümmelt es sich
in den Fernsehsessel.

Oma springt auf und ruft:
„Nicht auf meinen Sessel,
du Schmutzfink!"

Das Gespenst erschrickt.
Es versucht verzweifelt,
durch den Kamin zu entkommen,
aber Paul versperrt ihm den Weg.

Jetzt packt Oma das Gespenst,
schleppt es zum Badezimmer
und schrubbt es
mit Bürste und Seife.

Sie hängt es an die Wäscheleine
und Paul föhnt es trocken.

Wie neu sitzt das Gespenst
jetzt im Sessel.

Paul und Oma spielen mit ihm
noch eine Runde
Mensch-ärgere-dich-nicht.

„Gewonnen!“, ruft Paul.
Das Gespenst ärgert sich.

Es schwebt einfach
durch den Kamin davon
und lässt sich
nie wieder blicken.

# Das Ungeheuer von Plattlantis

Schiffsjunge Olli strahlt.
Er hat eine Schatzkarte gekauft.
Für einen einzigen Dukaten!

„Zeig mal her!“, grummelt Käpten Körk.
„Sonderangebote taugen meistens nix.“

„Na bitte, die Karte ist wertlos!“, sagt Käpten Körk.

„Sie weist den Weg nach Plattlantis.
Da liegt zwar wirklich ein Schatz,
aber der wird
von einem Ungeheuer bewacht.“

„Hast du etwa Angst?“, fragt Olli.
Käpten Körk läuft knallrot an.
„Ein Seeräuber kennt keine Angst!“

„Prima“, lacht Olli.
„Dann können wir ja gleich los, oder?“

Die Überfahrt ist lang und stürmisch.
Aber endlich ertönt der ersehnte Ruf:
„Plattlantis in Sicht!“

„Ab hier musst du allein weiterrudern“,
erklärt Käpten Körk.
„Viel Glück, Junge!“

Kaum hat Olli Plattlantis betreten,
naht auch schon das Ungeheuer!
Die Erde bebt bei jedem Schritt.

Oje, sieht das Vieh grässlich aus!
Olli kriegt Puddingknie.

„Warum störst du mich, Fremder?“, brüllt das Ungeheuer. „Ich muss arbeiten!“

„V…vielleicht k…kann i…ich d…dir ja helfen?“, bietet Olli an.

„Möglich!“, grummelt das Ungeheuer und trabt voraus.

„Schau!“, jammert es. „Seit Jahren zähle ich diese verflixten Goldtaler hier. Und nie kriege ich dasselbe heraus!“

„Oh, da kann ich dir wirklich helfen“, sagt Olli eifrig.
„Ich nehme die Goldtaler einfach mit und zähle sie zu Hause.“

„Au ja!“
Das Ungeheuer nickt begeistert.

Im Handumdrehen ist Ollis Boot
bis zum Rand mit Gold beladen.

Nach einem herzlichen Abschied
rudert der Schiffsjunge selig davon.

Und das Ungeheuer von Plattlantis
hat endlich wieder Zeit
für andere schöne Dinge:
Palmen biegen, Piraten beißen,
Schiffe zermalmen ... herrlich!

Christina Koenig

# Vier Spürnasen im Baumhaus

Illustrationen von Betina Gotzen-Beek

## Eine merkwürdige Spur

Marie, Aline und Paule
sind drei Superspürnasen.

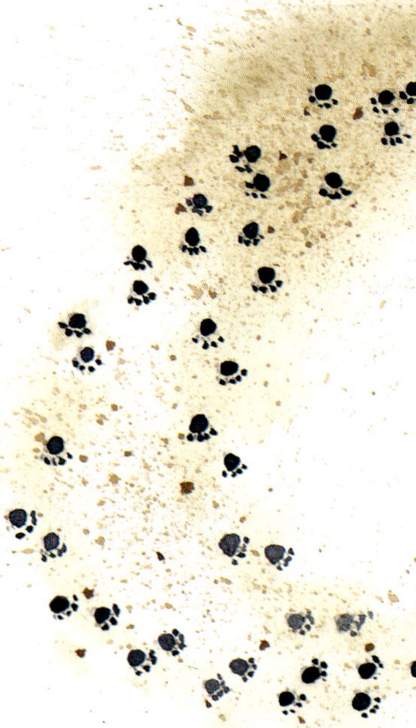

Zu ihnen gehört auch Baffi,
der Superspürhund.

Zusammen haben sie schon
ein geklautes Fahrrad
wiedergefunden
und zwei kleine Katzen gerettet.

In einem Baumhaus
in Alines Garten
haben die Spürnasen
ihre Geheimzentrale.

„Eintritt verboten“,
steht auf einem Schild
unten an der Leiter.

Das Baumhaus muss dringend repariert werden.

Damit der Wind nicht so pfeift, wollen Marie, Aline und Paule Äste in die Ritzen stopfen.

Die Freunde gehen in den Wald,
um Material zu sammeln.

Es duftet nach Harz und Pilzen.
Ameisen, Käfer und Spinnen
krabbeln wild durcheinander.

Baffi ist ganz aufgeregt.
So viel gibt es hier
zu schnuppern!

Plötzlich bleibt Marie stehen.
„Hey, schaut mal!“, ruft sie.

Die anderen rennen
sofort zu ihr hin.

Und tatsächlich –
auf dem Boden
entdecken die Spürnasen
eine merkwürdige Tierspur.

„Ich sag euch,
hier ist was faul“,
vermutet Aline
mit düsterer Stimme.

Die anderen nicken.

Sie verfolgen die Spur
bis zum Waldrand.

Dort steht das Gras
ziemlich hoch,
sodass die Kinder
die Fährte bald verlieren.

Aber auf Baffis Nase
ist Verlass!

Aufgeregt läuft er voraus
und zeigt den Spürnasen
den Weg durchs Gebüsch.

Plötzlich liegt ein kleines Reh
vor ihnen im Gras.
Das Kitz hat Angst
und duckt sich.

## Ein schlimmer Verdacht

Das Reh ist verletzt,
sein Vorderlauf
ist umgeknickt.

„Nicht anfassen!“, ruft Paule.
„Sonst nimmt seine Mutter
es nicht mehr an!
Ich sag der Försterin Bescheid!“
Und schon rennt er los.

Eine halbe Stunde später
braust ein Jeep herbei.
Es ist die Försterin mit Paule.

„Das Kitz sieht
ziemlich schwach aus“,
sagt die Försterin.
„Ich muss es mitnehmen
und gesund pflegen.“

Försterin Schulze trägt das Kitz behutsam in ihr Auto.
„Aber wieso ist es verletzt?“, will Marie wissen.

Die Försterin runzelt die Stirn.
„Sieht ganz nach einer Falle aus.“

„Wilderer?“, kombiniert Paule.
Die Försterin nickt ernst.

Die Freunde sind froh,
dass sie das Reh
gerettet haben.
Aber was ist,
wenn so etwas
noch mal passiert?

„Wir müssen die Falle finden“, überlegt Marie laut. Baffi nimmt sofort die Spur auf.

Es geht kreuz und quer. Dann finden die Kinder tatsächlich eine Falle. Sie ist im Laub versteckt.

Paule ist stinksauer.

schreibt er auf einen Zettel
und legt ihn neben die Falle.

## Die Nacht im Baumhaus

Kurze Zeit später
hocken die Kinder
wieder in ihrem Baumhaus
und beobachten den Waldrand.
Das ist jetzt wichtiger,
als Löcherwände zu reparieren.

„Und wenn der Gauner
nachts kommt?“, fragt Aline.

Es führt kein Weg
daran vorbei.

Die Spürnasen
müssen die Nacht
im Baumhaus verbringen.

Die Nacht wird schwarz wie Kohle.
Es knackt und knirscht
und Fledermäuse flattern vorbei.

Aber sonst passiert nichts.

Irgendwann schlafen alle ein.

Als es dämmert,
schreckt Marie plötzlich auf.
„Aufwachen!“, zischt sie.
„Aufwachen, ihr Penntüten!“

In der Ferne
löst sich ein Scheinwerfer
aus dem fahlen Morgenlicht.
Paule greift zum Fernglas.

## Der Wilderer

„Hey, das ist doch Hannes“,
flüstert Paule aufgeregt.

Das Moped biegt in den Weg ein,
der in den Wald führt.
„Der und ein Wilderer?“,
fragt Paule ungläubig.
„Das kann ich nicht glauben.“

Das Moped verschwindet im Wald.
Erst nach einer halben Stunde
kommt es zurück.

Sofort brechen die Detektive auf
und kontrollieren die Falle.

Sie finden einen Antwortzettel:

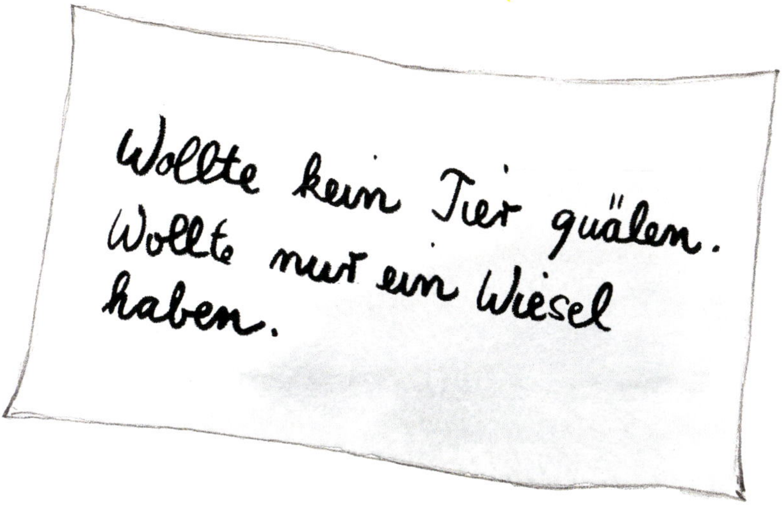

„Ich glaube, das stimmt“,
erklärt Paule den anderen.
„Hannes mag Tiere total gern,
aber seine Eltern
erlauben ihm kein Haustier.“

Die Detektive sind ratlos.
Was sollen sie nur tun?

„Ich hab's!",
ruft Marie erleichtert.
„Wir erzählen alles
Försterin Schulze!"

Zusammen mit Baffi
laufen die Detektive
zum Haus der Försterin.

„... Hannes war es also“,
sagt Frau Schulze nachdenklich.

Dann schreibt auch sie
einen Brief.

## Der Fall ist gelöst

Die Kinder klemmen
die neue Post
an die alte Stelle.

Als sie tags darauf
die Falle kontrollieren wollen,
ist sie verschwunden!

„Jippiee!“, rufen die Spürnasen
und klatschen in die Hände.

## Die Tiere sind gerettet!

Jetzt ist das Baumhaus dran.
Marie, Aline und Paule
stopfen die gesammelten Äste
fest in die Ritzen.

Kein Wind kommt mehr durch.
Es wird richtig gemütlich.

Die Geheimzentrale
der vier Superdetektive
ist wieder sicher.
Sicher für den nächsten Fall.

Susanne Blesius

# Ritterburg in Gefahr

Illustrationen von Silvio Neuendorf

**Feuer!**

König Leo
ist ganz verzweifelt.

Schon seit Wochen
brennt es immer wieder
im königlichen Wald.

Keiner in der Burg weiß,
woher das Feuer kommt.

Mal lodert es hier,
mal sind
die Flammen dort.

Die Burgbewohner
schaffen es einfach nicht,
das Feuer zu löschen.

Und das Schlimmste ist:
Es ist kaum noch
Löschwasser da.

Der Burggraben ist
schon fast leer.

Es muss etwas geschehen.

Deshalb ruft der König
seine Ritter auf,
den Brandstifter zu suchen.

„Dieser Bösewicht
muss bestraft werden!“,
sagt König Leo
zu den Rittern.

„Jeder von euch
hat drei Tage Zeit.

Wer den Brandstifter findet,
soll meine Tochter Sofia
zur Frau bekommen!“

## Tapferer Ritter

Die Ritter des Königs
machen sich bereit,
um auf die Suche
nach dem Feuerteufel
zu gehen.

Denn die schöne Sofia
möchte wohl
jeder Ritter heiraten.

Poldi Planlos
will als Erster losziehen.

Er springt geschwind
auf sein Pferd und ruft:
„Aufgepasst, du Bösewicht!“

Dann reitet er
mit erhobenem Schwert
in den Wald.

Doch auch nach vier Tagen
ist Poldi Planlos immer
noch nicht zurück.

König Leo wartet
und wartet.
Dann ruft er erneut
seine Ritter zu sich.

Gero von Grübel
soll als Zweiter
losreiten.

Der Ritter runzelt
nachdenklich seine Stirn.
„Wer kann denn nur
der Brandstifter sein?“,
grübelt Gero.

Drei Tage lang
überlegt Ritter Gero
Tag und Nacht.

Aber vor lauter Nachdenken
vergisst er leider ganz,
sich auf die Suche
nach dem Feuerteufel
zu machen.

## Ritter Felix

König Leo steht
auf dem höchsten Turm
seiner Burg
und schüttelt traurig
den Kopf.

Im Wald brennt es
schon wieder.

Der Brandstifter
muss jetzt endlich
gefasst werden!

„Ich möchte es
auch gern versuchen“,
flüstert da
Ritter Felix Furchtsam
mit zittriger Stimme.

Der König wundert sich.
„Du Angsthase?
Aber warum
eigentlich nicht?
Versuche dein Glück!“

Felix Furchtsam
lächelt froh.

Doch als er
sein Pferd sattelt,
ist sich der Ritter
gar nicht mehr sicher,
ob er wirklich alleine
in den Wald reiten will.

Er fürchtet sich so!

Felix seufzt.
Er ist schon lange
heimlich in Sofia verliebt.

Er hat sich nur nie getraut,
ihr das zu sagen.

Deshalb nimmt er jetzt
all seinen Mut zusammen.

Um die schöne Prinzessin
zu gewinnen,
muss er einfach
den Feuerteufel finden!

## Der Feuerteufel

Mit schlotternden Knien
und klappernder Rüstung
klettert Felix in den Sattel
und reitet in den Wald.

Aber dort verlässt ihn
auch sein letztes
bisschen Mut.

„Es ist so unheimlich
in diesem Wald“,
bibbert Felix.

„Ich kann einfach
nicht weiterreiten.“

Gerade als er umkehren will,
hört Felix ein Geräusch.

Der Ritter erstarrt.
Was war denn das?

Es hörte sich an
wie ein Niesen.
Ein furchtbar lautes Niesen.

Und plötzlich flackert
ganz in der Nähe
ein kleines Feuer auf.

Ritter Felix reißt seinen
Schutzschild hoch.
Er hält ihn sich
vor die Augen.

Der Wald ist jetzt
hell erleuchtet.

Vorsichtig lugt Felix
an seinem Schild vorbei.

Er traut seinen Augen kaum.

Mitten im Wald,
zwischen lodernden Flammen,
sitzt ein Drache!

Und der Drache weint.
Er hat schon ganz rote Augen.

Seine Nase läuft.
„Buhuhuuh“, jammert er.

Tapfer steigt Ritter Felix
von seinem Pferd
und geht auf ihn zu.
„Was ist mit dir?“,
fragt er den Drachen.

„Ich weiß es nicht“,
schnieft der Drache.

„Es kribbelt so
in meiner Nase.
Ständig muss ich niesen.

Und dabei kommt Feuer
aus meiner Nase.
Bald brennt der ganze Wald.
Aber das will ich
doch gar nicht!“

„Vorsicht!“
Der Drache schubst
den Ritter zur Seite.

„Ha…“ –
dichter Qualm steigt aus
seinen Nasenlöchern auf –
„ha-hatschi!“

Eine riesige Flamme
schießt an Felix vorbei.

Überall knistert
und knackt es.

Felix schaut sich um.
Die Büsche neben ihm
haben Feuer gefangen.

„Wir müssen löschen!“,
ruft der Ritter
und erstickt die Flammen
mit seinem Schild.

Danach springt er
schnell auf sein Pferd.
„Komm mit.“

„Wo willst du hin?“,
fragt der Drache verdutzt.

„Zur Burg natürlich!“,
meint Felix.
„Der königliche Tierarzt
kann dir bestimmt helfen.“

**Eine Woche später …**

König Leo ist glücklich.

Endlich ist das Rätsel
um die Waldbrände gelöst
und der königliche Wald gerettet.

Der gemeine Brandstifter
war nur ein Drache
mit Schnupfen.

Auch der Drache ist froh.

Seinem Schnupfen
geht es schon viel besser.

Außerdem darf er
im Burggraben wohnen.
Dort gibt es kein Holz,
das brennen könnte.

Und Ritter Felix?
Der ist überglücklich.

Denn König Leo
nennt seinen besten Ritter
jetzt „Felix Furchtlos“.

Und zu Felix’ Hochzeit
mit der schönen Sofia
sind alle Burgbewohner
eingeladen.

THiLO

# Wo ist der Gespensterschatz?

Illustrationen von Martina Theisen

## Unerwartete Gäste

Es ist Mitternacht!
Ein Käuzchen schreit dreimal.

Boris, das kleine Gespenst,
wacht in seiner Turmkammer auf.

Er schnappt sich eine alte Laterne.

Heute will Boris endlich
den Gespensterschatz finden.

Doch wo soll er suchen?
In der Turmuhr ist er nicht.

Im Brunnen der Burg
ist nur Wasser.

In der Küche sitzen
viele kleine Menschen im Kreis.
Ein großer Mensch erzählt
eine Gespenstergeschichte.

Boris versteckt sich
hinter einer Ritterrüstung.
Gespannt lauscht er
der Geschichte.

Ganz vorn sitzt
ein kleiner Mensch,
der besonders gut zuhört.

Boris sieht ihn neugierig an.
„Vielleicht kann der mir
beim Suchen helfen?“,
überlegt er.

Boris wartet,
bis die Geschichte vorbei ist.

Dann gehen
alle Menschen schlafen.
Wie schade!
Boris fliegt traurig umher.

## Ein neuer Freund für Boris

Dann sieht Boris
einen Lichtstrahl.
Der nette kleine Mensch
ist noch wach!

Er hat seine Taschenlampe
eingeschaltet.
Vor ihm liegt ein Buch.

Das kleine Gespenst
fliegt mutig zu ihm.
„Hallo“, sagt es.
„Ich bin Boris.“

Der Mensch sieht das Gespenst
mit großen Augen an.

„Ich heiße Tom“,
antwortet er dann.
„Ich bin mit meiner Klasse
aus der Schule hier.“

„Schule? Was ist denn das?“,
fragt Boris.
Er fliegt auf den Kronleuchter.

Tom lacht.
„Da lernt man lesen,
rechnen und schreiben“,
erklärt er.

Boris schüttelt den Kopf.
„So etwas brauche ich nicht“,
glaubt er.
„Aber ich brauche deine Hilfe!“

Boris gibt Tom die Hand.

„Komm, zusammen finden wir
den Gespensterschatz bestimmt!“,
schlägt er vor.
„Du bekommst auch
die Hälfte ab!“

## Eine erste Spur

Gemeinsam schleichen
die beiden Freunde
zum Burgkeller.

„Da!“, flüstert Tom plötzlich.

Auf eine Klappe im Boden
ist eine Schatzkiste gemalt.
Daneben stehen Buchstaben.

Boris zieht kräftig
an dem Eisenring,
aber nichts bewegt sich.

„So einfach geht das nicht“,
erklärt ihm Tom.
„Kannst du nicht lesen?“
„Nein!“, sagt Boris.

Tom liest ihm vor:
„Dreimal musst
den Ring du drehen,
dann kannst du
den Schatz bald sehen.“

Er nimmt den Eisenring
in die Hand.
Dann dreht er ihn dreimal.

Jetzt lässt sich die Klappe
ganz leicht öffnen.

Sie gehen
eine steile Treppe hinab.

Vor einem riesigen Schrank
brennen drei Kerzen.
Da drin muss der Schatz sein!

Tom wischt die Spinnweben auf der Schranktür zur Seite. Boris entdeckt ein paar Zahlen.

„Ach!“, seufzt er. „Ich kann doch nicht rechnen!“

„Aber ich!“, sagt Tom.
„4 + 4 + 4. So oft
klopfe an die Tür.“

Boris stöhnt,
aber Tom weiß die Lösung sofort.
„4 + 4 + 4 ist 12!“, jubelt er.

Zwölfmal klopft er
an den Schrank.

## Noch mehr Schwierigkeiten

Die Tür schwingt auf.
Unglaublich! Im Schrank
ist eine echte Schatztruhe.

Auf dem Deckel der Truhe
steht schon wieder etwas.

„Kannst du das auch lesen?“,
fragt Boris
seinen neuen Freund.

„Na klar“, sagt Tom stolz.

„Was fliegt so leise
durch die Nacht,
dass es kaum
Geräusche macht?“,
heißt das neue Rätsel.

„Das weiß ich“, jubelt Boris.
„Eine Fledermaus!“

Tom nickt.
„Hier steht,
wir müssen das Wort
auf dieses Brett schreiben“,
erklärt er.

Boris schnieft traurig.
„Das kann ich doch auch nicht!“,
jammert er.

Bei Tom sieht es
ganz einfach aus.

FLEDERMAUS schreibt er
in den Staub.
Kaum ist er fertig,
springt der Deckel auf.

## Ein echter Gespensterschatz!

„Hurra!“, ruft Boris.
„So einen wertvollen Schatz
habe ich noch nie gesehen!“

Die ganze Truhe ist
voll von alten Ketten
und löchrigen Bettlaken.

Glücklich wühlt Boris
darin herum.

Tom sucht sich
eine quietschende Kette aus.

„Den Rest darfst du behalten“,
sagt er.
„Schließlich ist es
ein Gespensterschatz!“

Boris freut sich.
Als Dankeschön fliegt er mit Tom
über die ganze Burg.

Tom rasselt gruselig
mit seiner neuen Kette.

„Du wärst ein gutes Gespenst“,
kichert Boris.

Tom gähnt.
„Das kann schon sein“,
sagt er müde.
„Aber jetzt muss ich schlafen.“

Boris bringt seinen Freund
in die Burg zurück.

## Gespensterträume

„Meinst du, in deiner Schule ist noch Platz für mich?“, fragt Boris.

„Lesen, rechnen und schreiben kann ja doch manchmal ganz nützlich sein!“, fügt er hinzu.

Tom zieht sich seine Decke
bis zur Nase.
„Besuch uns doch mal“,
schlägt er vor.

Boris verspricht es ganz fest.
Er wünscht Tom
gespenstische Träume.
Dann fliegt er zu seinem Schatz.

Als die Sonne aufgeht,
schläft auch Boris ein.
Das kleine Gespenst liegt
inmitten von Ketten
und löchrigen Bettlaken.

Es seufzt glücklich im Schlaf.

Denn Boris träumt,
wie er mit Tom
in einer Schulbank sitzt.

Und im Traum
kann jetzt auch Boris
ganz prima rechnen!

# Quellenverzeichnis

S. 11–19
Claudia Ondracek, *Ein Fall für zwei!*,
aus: dies., Kleine Lesetiger-Freundschaftsgeschichten,
farbig illustriert von Irmgard Paule.
© 2001 Loewe Verlag GmbH, Bindlach

S. 20–27
Milena Baisch, *Das Versteck*,
aus: dies., Kleine Lesetiger-Abenteuergeschichten,
farbig illustriert von Pia Eisenbarth.
© 2002 Loewe Verlag GmbH, Bindlach

S. 28–36
Claudia Ondracek, *Nächtlicher Besuch*,
aus: dies., Kleine Lesetiger-Bärengeschichten,
farbig illustriert von Kerstin Völker.
© 2004 Loewe Verlag GmbH, Bindlach

S. 37–45
Maja von Vogel, *Nur geträumt*,
aus: dies., Lesetiger-Eisbärengeschichten,
farbig illustriert von Betina Gotzen-Beek.
© 2006 Loewe Verlag GmbH, Bindlach

S. 46–57
Katja Reider, *In Bergnot*,
aus: dies., Kleine Lesetiger-Feriengeschichten,
farbig illustriert von Karin Schliehe und Bernhard Mark.
© 2003 Loewe Verlag GmbH, Bindlach

S. 58–66
Christina Koenig,
*Das krachende Baumhaus*,
aus: dies., Lesetiger-Baumhausgeschichten,
farbig illustriert von Alexander Bux.
© 2009 Loewe Verlag GmbH, Bindlach

S. 67–77
Katja Reider, *Die Schule brennt*,
aus: dies., Kleine Lesetiger-Feuerwehrgeschichten,
farbig illustriert von Dorothea Tust.
© 2001 Loewe Verlag GmbH, Bindlach

S. 78–86
Erhard Dietl, *Wenn's bei Oma spukt*,
aus: ders., Kleine Lesetiger-Gespenstergeschichten,
farbig illustriert vom Autor.
© 2002 Loewe Verlag GmbH, Bindlach

S. 87–96
Katja Reider,
*Das Ungeheuer von Plattlantis*,
aus: dies., Lesetiger-Seeräubergeschichten,
farbig illustriert von Leopé.
© 2008 Loewe Verlag GmbH, Bindlach

S. 97–126
Christina Koenig,
Lesespatz – *Vier Spürnasen im Baumhaus*,
farbig illustriert von Betina Gotzen-Beek.
© 2003 Loewe Verlag GmbH, Bindlach

S. 127–156
Susanne Blesius,
Lesespatz – *Ritterburg in Gefahr*,
farbig illustriert von Silvio Neuendorf.
© 2005 Loewe Verlag GmbH, Bindlach

S. 157–185
THiLO,
Lesespatz – *Wo ist der Gespensterschatz?*,
farbig illustriert von Martina Theisen.
© 2008 Loewe Verlag GmbH, Bindlach

# Auf ins Pferdeparadies!

Im Galopp geht's ins Abenteuer! Traumhafte Pferde wagen atemberaubende Sprünge, freche Ponys stellen den Reiterhof auf den Kopf und süße Fohlen können es gar nicht erwarten, auf die Welt zu kommen. Ein Muss für echte Pferdefreunde!

# Geheime Mädchensache!

Auf geht's in die wunderbare Welt der Mädchen. Hier werden echte Freundschaften geschlossen, süße Pläne geschmiedet und zauberhafte Ballettträume gelebt. Aber *pssst* – alles streng geheim!

# Achtung, wilde Piraten!

Leinen los und hinaus aufs abenteuerliche Geschichten-meer! Schließlich müssen gefährliche Seeungeheuer besiegt, hungrige Löwen besänftigt und schlaue Wasser-männer überlistet werden. Worauf wartet ihr noch, Piraten? Alles bereit machen zum Entern!

Loewe